SOCIÉTÉ CENTRALE

D'AGRICULTURE, D'HORTICULTURE

ET D'ACCLIMATATION

DE NICE ET DES ALPES-MARITIMES

CATALOGUE

DES

OUVRAGES COMPOSANT LA BIBLIOTHÈQUE

*Depuis l'impression de notre Catalogue. Nous avon
Reçu 125 Ouvrages Divers — agricoles*

NICE,

TYPOGRAPHIE, LITHOGRAPHIE ET LIBRAIRIE S. CAUVIN-EMPEREUR,
rue de la Préfecture, 6, et place de la Préfecture, 1.

1878.

SOCIÉTÉ CENTRALE

D'AGRICULTURE, D'HORTICULTURE

ET D'ACCLIMATATION

DE NICE ET DES ALPES-MARITIMES

CATALOGUE

DES

OUVRAGES COMPOSANT LA BIBLIOTHÈQUE

NICE,

TYPOGRAPHIE, LITHOGRAPHIE ET LIBRAIRIE S. CAUVIN-EMPEREUR,
rue de la Préfecture, 6, et place de la Préfecture, 1.

—

1878.

ORDRE DES DIVISIONS DE CE CATALOGUE

TABLE DES MATIÈRES

ORDRE DES DIVISIONS DE CE CATALOGUE

TABLE DES MATIÈRES

CATALOGUE
DES OUVRAGES COMPOSANT LA BIBLIOTHÈQUE.

AGRICULTURE

A 1re SECTION

Historique et statistique de l'Agriculture ancienne et moderne en France et à l'étranger.

Nos d'ordre.	TRAITÉ DES OUVRAGES	Nombre de volumes	Noms des auteurs
1	Rapport sur la sécheresse	1	HEUZÉ.
2	Voyage agricole en France, Allemagne, etc..	1	DE GOURCY.
3	Voyage en Prusse, etc.	1	DE GOURCY.
4	Voyage en Angleterre	1	DE GOURCY.
5	Voyage en Allemagne	1	DE GOURCY.
6	Voyage en France, Belgique et Hollande .	1	DE GOURCY.
7	Voyage en France et en Angleterre . . .	1	DE GOURCY.
8	Domaine d'Havrincourt	1	Mls D'HAVRINCOURT
9	Voyage dans le Nord et le centre de la France	1	DE GOURCY.
10	L'agriculture et les classes agricoles en Bretagne	1	DU CHATELLIER.
11	La ferme de Masny.	1	BARRAL.
12	Voyage en Normandie, Bretagne, Berry. .	1	DE GOURCY.
13	Excursions agricoles en France en 1866. .	1	DE GOURCY.
14	La Ferme-Ecole de Dresson	1	DE GOURCY.
15	Agriculture flamande	1	DE BAECKER.
16	Agriculture du Puy-de-Dôme.	1	BAUDET-LAFARGE.
17	L'Agriculture du Gard et de l'Ardèche . .	1	DESTREMX.
18	Agriculture du Nord de la France. . . .	2	BARRAL.
20	L'Œuvre agricole de l'Empereur	1	DUBOST.
21	Voyage agricole en Russie.	1	DEFONTENAY.

N^{os} d'ordre	TRAITÉ DES OUVRAGES	Nombre de volumes	Noms des auteurs
22	Etudes égyptiennes. *Les Vallées et les Champs du Nil*.	1	DELCHEVALERIE.
23	L'Egypte agricole	3	DELCHEVALERIE.
24	Enquête agricole	22	Minist. de l'Agric.
26	Les Jardins de l'Isthme de Suez	1	DELCHEVALERIE.
27	Economie rurale du Lauragaïs.	1	PARISET.
28	Economie rurale de la Bretagne	1	MEHEUST.
29	Statistique agricole de Valencienne . . .	1	BONNIER.
30	La Culture productive	1	FAVRET et VIANNE.
31	Récolte des céréales en 1869, France et Etranger	1	
32	Recherches scientifiques en Orient . . .	1	BAUDRY.
33	Statistique de la France agricole. . . .	1	MINISTÈRE.
34	Etudes sur le Danemark, etc..	1	TISSERAND.
35	Statistique agricole de la Haute-Loire . .	1	DONIOL.
36	Confédération Argentine, statistique. . .	2	Francis CLARE FORD
38	Rapport au Sénat (1866) sur 14 pétitions sur l'Agriculture	1	DE BUTENVAL.
39	Economie rurale de la Bretagne	1	DE LA MORVONNAIS.
40	Note à propos d'une statistique du département de l'Ain.	1	H. DONIOL.
41	La France agricole, région du Sud . . .	1	Gustave HEUZÉ.
42	Histoire agricole de la France	1	A. MONTEIL.
43	Le Mouvement agricole (1866)	1	Vic. BORIE.
44	L'Œuvre agricole de M. de Behague. . .	1	BARRAL.
45	Statistique internationale de l'agriculture.		Minist. de l'Agric.
46	Les Richesses de l'Europe.	1	E. KLEINE.

Société Centrale d'agriculture de france

110 Volumes

A 2e SECTION.
Traités Généraux d'Agriculture.

Nos d'ordre	TRAITÉ DES OUVRAGES	Nombre des volumes	Noms des auteurs
1	Livre de la ferme et des maisons de campagne	2	JOIGNEAUX.
3	Maison rustique	5	
8	Cours d'Agriculture	6	GASPARIN.
14	Traité d'Agriculture	5	M. DE DOMBASLE.
19	Principes d'Agriculture rationnelle	1	TRUSSARD.
20	Traité des entreprises de grande culture .	2	LECOUTEUX.
22	Leçons d'Agriculture	1	MASURE.
23	Cours d'Agriculture	1	JAMET.
24	Trente années d'Agriculture	1	GAULTIER.
25	Catéchisme d'Agriculture pratique . . .	1	BARALIER.
26	Cours d'Agriculture	1	BORIE.
27	Les Travaux des champs	1	BORIE.
28	Principes d'Agriculture théoriques et pratiques	1	DE LENTILHAC.
29	Questionnaire du Cultivateur.	1	DRABOY.
30	Catéchisme d'Agriculture.	1	BAUDRY et JOURDIER
31	Manuel d'Agriculture	1	GOSSIN.
32	Notions d'Agriculture.	1	MASURE.
33	Catéchisme d'Agriculture.	1	REY.
34	Traités d'Agriculture	2	LAURENÇON.
36	Première Connaissance en Agriculture . .	1	DUSUZEAUD.
37	Le petit Cultivateur au XIXe siècle . . .	1	MITTET.
38	Manuel des Comices	1	GROUSSEAU.
39	Résumé d'Agriculture pratique	1	BODIN.
40	Traité d'Agriculture pratique.	1	RAÉMY DE BERTIGNY
41	Catéchisme d'Agriculture pratique . . .	1	FENNEDERESQUE.
42	La Culture alterne semi-pastorale . . .	1	DAUVÉ.
43	Le Cultivateur	1	PIGEOT.
44	Notions d'Agriculture à l'usage des Ecoles primaires	1	VILLIERS de L'ISLE Adam.

Nᵒˢ d'ordre	TRAITÉ DES OUVRAGES	Nombre de volumes	Noms des auteurs
45	Traité d'Agriculture (Lectures agricoles) .	1	LALIRE.
46	Procédé de Culture.	1	GOETZ.
47	Propriétaire-Agriculteur	1	Le baron D'AVÈNE.
48	Résumé des Conférences agricoles du département de l'Oise	1	L. GOSSELIN.
49	Leçons d'Agriculture	1	BAUDIN.
50	Petite Ecole d'Agriculture.	1	JOIGNEAUX.
51	Les Assolements et les Systèmes de Culture	1	HEUZÉ.
52	Défrichements, Irrigations	1	YSABEAU.
53	Bon Cultivateur du Midi	1	Louis FABRE.
54	*Vade-mecum* de l'Agriculteur Provençal .	1	GUILLON.
55	Catéchisme de l'Agriculture Provençale. .	1	GUILLON.
56	L'Agriculture Provençale.	2	GUILLON.
58	Les Lois naturelles de l'Agriculture. . .	2	LIEBIGUE.
60	Le nouveau Théâtre de l'Agriculture. . .	1	M. H. DAUDIN.
61	Dictionnaire raisonné d'Agriculture et d'Economie du bétail	2	A. RICHARD (Cantal)
63	Culture générale et Instruments aratoires .	1	LEFOUR.
64	Manuel de l'Agriculteur commençant . .	1	SCHWERTZ.
65	Les Champs et les Prés	1	P. JOIGNEAUX.
66	Traité élémentaire d'Agriculture. . . .	2	J. GIRARDIN et BREUIL.
68	Traité d'Agriculture élémentaire et pratique	3	M. C. ANTELME.

A 3e SECTION

Traités généraux des plantes alimentaires.

Nos d'ordre	TRAITÉ DES OUVRAGES	Nombre de volumes	Noms des auteurs
1	Le Blé hybride Galland	1	GOUSSARD DE MAYOLLES.
2	Plantes alimentaires et fourragères . . .	1	YSABEAU.
3	Les Plantes alimentaires (*un Atlas*). . .	2	HEUZÉ.
5	Champignons et Truffes	1	REMY.
6	Culture des Champignons	1	SALLE.
7	La Truffe	1	CHATIN.
8	Instructions pour la culture de la Truffe. .	1	J. VALSERRES.
9	Culture lucrative de la Truffe.	1	J. VALSERRES.

A. 4ᵉ SECTION

Traités spéciaux sur la Culture industrielle.

Nᵒˢ d'ordre	TRAITÉ DES OUVRAGES	Nombre de volumes	Noms des auteurs
1	Traité pratique de la culture et de l'alcoolisation de la Betterave.	1	N. Basset.
2	Plantes industrielles	1	Ysabeau.
3	De l'Ortie de Chine, description et culture	1	Ramond de la Sagra.
4	Culture du Houblon	1	Jourdeuil.
5	Culture du Coton, guide pratique	1	Dr Sicard.
6	Des Plantes industrielles	2	Heuzé.
8	Le Fibrilia	1	Vattemare.
9	Notice sur le China-Grass	1	Audoynaud.
10	L'Alfa des hauts plateaux de l'Algérie	1	Charrier (chef de batt.)
11	La Ramée. Ortie blanche	1	Moerman.
12	Le Houblon	1	Nap. Nickles.
13	Le Tabac, sa culture	1	Th. Schlœsing.
14	Les Plantes oléagineuses	4	G. Heuzé.
15	Traité de la Culture du Tabac.	1	F. A. Allart.

A 5ᵉ SECTION

Traités spéciaux des Plantes fourragères.

Nᵒˢ d'ordre	TRAITÉ DES OUVRAGES	Nombre de volumes	Noms des auteurs
1	Des Graminées	1	Courtois Girard.
2	Agriculture progressive. Mémoire sur le poivre.	1	Vidal.
3	Culture des Prairies	1	Demoor.
4	Plantes fourragères	1	de Thier et Leroy.
5	Plantes fourragères	2	Gobin.
7	Plantes fourragères	1	Heuzé.
8	Prairies et Plantes fourragères	1	Vianne.
9	Culture et Ensilage du maïs fourrage . .	1	Ed. Lecouteux.
10	Prairies artificielles	1	Pierre.

A 6ᵉ SECTION

Traités généraux d'Horticulture.

Nᵒˢ d'ordre	TRAITÉ DES OUVRAGES	Nombre de volumes	Noms des auteurs
1	Le bon Jardinier pour 1870	1	VILMORIN.
2	Encyclopédie horticole.	1	CARRIÈRE.
3	Guide du Jardinier multiplicateur . . .	1	CARRIÈRE.
4	Cours d'Horticulture	2	BONCENNE.
6	Manuel d'Horticulture	1	J. (curé de campagne.)
7	Sur les Semis et la Culture des légumes en pleine terre	1	DE LAMBERTYE.
8	Des Moyens de grossir graines et fruits . .	1	BARBIER.
9	Calendrier Horticole du Midi.	1	DUMAR.
10	Almanach du Jardinier fleuriste et potager.	1	DUMAR.
11	L'Art des Jardins	2	Baron ERNOUF.
13	Le Nouveau Jardinier illustré.	1	HERINCY.
14	Revue horticole, 1863-1864	1	HERINCY.
16	Eléments de Jardinage offerts aux habitants de la Marne	1	L. DE LAMBERTYE.
17	Conseils sur la Culture de légumes et de fleurs	1	L. DE LAMBERTYE.
18	Légumes en pleine terre pour le département du Rhône	1	L. DE LAMBERTYE.
19	Manuel théorique et pratique du Jardinier .	1	M. PIROLLE.
20	L'Horticulture en Belgique	1	BALDÉ.
21	Horticulturale Toulonnaise	1	AIGUILLON.
22	Bon Jardinier du Midi	1	Louis FABRE.
23	Le Mouvement horticole, 1864-1865. . .	1	ANDRÉ.
24	Pépinières	1	CARRIÈRE.
25	Le Mouvement horticole, 1866	1	Ed. ANDRÉ.
26	Le nouveau Jardinier, 1874	1	
27	Culture Egyptienne.	1	DELCHEVALERIE.
28	Flore exotique	1	DELCHEVALERIE.
29	Exposition universelle internationale de 1878 à Paris. Horticulture	1	Ministre de l'Agr.

Nᵒˢ d'ordre	TRAITÉ DES OUVRAGES	Nombre de volumes	Noms des auteurs
30	Visite à l'Ecole nationale d'Horticulture de Versailles	1	M. MICHELIN.
31	Les Fleurs de pleine terre.	1	VILMORIN-ANDREUX
32	Atlas des Fleurs de pleine terre	1	VILMORIN-ANDREUX
33	Vocabulaire Agricole et Horticole . . .	1	Richard DU CANTAL.
34	Manuel pratique du Jardinage	1	Courtois GÉRARD.

Société Centrale d'horticulture De France — 30 Volumes

A 7ᵉ SECTION

Traités spéciaux sur la Culture florale.

Nᵒˢ d'ordre	TRAITÉ DES OUVRAGES	Nombre de volumes	Noms des auteurs
1	Culture des Fleurs dans les petits jardins .	1	Courtois GÉRARD.
2	L'Œillet, son histoire et sa culture . . .	1	DUPUY.
3	Pelargonium	1	THIBAUT.
4	Les Fleurs de pleine terre et des fenêtres .	1	DE LAMBERTYE.
5			

Nᵒˢ d'ordre	TRAITÉ DES OUVRAGES	Nombre de volumes	Noms des auteurs
6	Arbres et Arbustes d'ornement de pleine terre	1	DE LAMBERTYE.
7	Plantes à feuilles ornementales	2	DE LAMBERTYE.
9			
10	Les Plantes grasses	1	LEMAIRE.
11	Roses, Pensées, etc.	1	Marx LEPELLETIER.
12	Le Rosier	1	LACHAUME.
13	Les Cactées.	1	LEMAIRE.
14	Les Orchidées	1	DEÉCHEVALERIE.
15	Les Plantes bulbeuses.	2	BOSSIN.
17	Les Pensées.	1	J. BARILLET.

A 8ᵉ SECTION

Traités spéciaux sur la Culture maraîchère.

Nᵒˢ d'ordre	TRAITÉ DES OUVRAGES	Nombre de volumes	Noms des auteurs
1	Des Pommes de terre	1	Courtois GÉRARD.
2	Le Potager moderne	1	GRESSENT.

Nos d'ordre	TRAITÉ DES OUVRAGES	Nombre de volumes	Noms des auteurs
3	Le Jardin potager	1	JOIGNEAUX.
4	Culture maraîchère (nouvelle édition) . .	1	Courtois GÉRARD.
5	Jardin potager	1	ISABEAU.
6	Fraisier	1	DE LAMBERTYE.
7	Les bonnes Fraises. Manière de les cultiver.	1	Ferd. GLOETE.
8	Les Ananas	1	GONTIER.
9	Culture des Asperges en plein air . . .	1	LHÉRAULT SALBŒUF
10	Le Cresson	1	CHATIN.
11	Les Choux. Culture et emploi	1	JOIGNEAUX.
12	Les Melons et Concombres	1	DE LAMBERTYE.
13	Haricots et Tomates	1	DE LAMBERTYE.
14	Igname du Japon	1	PEPIN.
15	Le Fraisier. Sa culture en pleine terre et à l'air libre.	1	L. DE LAMBERTYE.
16	Culture du Melon	1	DE LAMBERTYE.
17	Culture des Asperges	1	Louis LHÉRAULT.
18	Le Potager moderne. Traité complet. . .	1	Th. NAUDIN.
19	Melon N. Méthode de la culture sous cloche, etc.	1	LOISEL.
20	Asperge	1	LOISEL.
21	Petit Traité de Culture maraîchère . . .	1	V. RENDU.
22	La Culture maraîchère dans les petits jardins	1	Courtois GÉRARD.

A 9e SECTION

Traités de la Culture des arbres fruitiers.

Nos d'ordre	TRAITÉ DES OUVRAGES	Nombre de volumes	Noms des auteurs
1	Le Bon Arboriculteur fruitier.	1	FAUDRIN.
2	Catalogue des arbres à fruits	1	de LILON d'AIROLLER
3	Culture des Arbres fruitiers à tout vent. .	1	ISSARTIER.
4	Leçons d'Arboriculture.	1	GRESSENT
5	Des Arbres fruitiers. — Instructions sur la conduite	1	DU BREUIL.
6	Culture des Arbres et Arbrisseaux à fruits de table	1	DU BREUIL.
7	Cours d'Arboriculture théorique et pratique	2	DU BREUIL.
9	L'Arboriculture des Ecoles primaires . . .	1	BREMOND.
10	Le Verger	1	BREMOND.
11	L'Arboriculture fruitière	1	GRESSENT.
12	De l'Olivier	1	RIONDET.
13	De l'Olivier	1	REYNAUD.
14	Le Mûrier	1	CABANIS.
15	Catalogue de tous les Fruits	1	Congrès pomologique en 1864.
16	Notice pomologique sur le Poirier (2o V) .	1	LIBON D'AIROLLES.
17	Notice pomologique sur le Poirier (3e V) .	1	LIBON D'AIROLLES.
18	Les Poiriers les plus précieux	2	LIBON D'AIROLLES.
20	Quarante Poires	1	P. DE M.
21	Culture du Poirier	1	BALTET.
22	Arbre généalogique du Pêcher	1	CARRIÈRE.
23	Nomenclature des Pêches	1	CARRIÈRE.
24	Le Pincement du Pêcher	1	GRIN.
25	Les meilleurs fruits. — Le pommier. . .	1	MORTILLET.
26	Poirier et Pommier. — Plantation, culture.	1	MAUDUIT.
27	Arbres fruitiers, sur le choix, la culture et la récolte	1	L. DE LAMBERTYE.
28	Les Fruits à cultiver	1	Ferd. JAMIN.
29	L'Art de greffer.	1	Louis BALTET.

Nos d'ordre	TRAITÉ DES OUVRAGES	Nombre de volumes	Noms des auteurs
30	Catalogue descriptif des Fruits	1	Société pomologique en France.
31	Catalogue des Arbres à fruits	1	Société pomologique en France.
32	L'Olivier dans les Alpes-Maritimes . . .	1	AUDOYNAUD.
33	Le Prunier	1	ISSARTIER.
34	Les Arbres fruitiers à feuilles renversées .	1	DOLIVOT.
35	Etudes sur l'Olivier	1	BARBE.
36	Taille de l'Olivier	1	BARBE.
37	Le Noyer. Traité de sa culture	1	HUARD DU PLESSIS.
38	Taille et mise à fruit	1	A. PUVIS.
39	Les Fruits à cultiver (Ed. 1873)	1	M. FAUDRIN.
40	Le bon Arboriculteur (Ed. 1873)	1	FAUDRIN.
41	Catalogue des Arbres à fruits	1	A. P. CHAILLARD.
42	Conférences sur le Jardinage et la Culture des arbres fruitiers	1	JOIGNEAUX.
43	Des Poiriers à haute tige	1	LIBON D'AIROLLES.
44	Nouveau Traitement de Grignons d'olives dans les ressences	1	ANDRIEU.

A 10e SECTION

Viticulture.

N^{os} d'ordre	TRAITÉ DES OUVRAGES	Nombre de volumes	Noms des auteurs
1	Rapport sur la Viticulture en France . .	10	Dr Guyot.
11	Etudes de Vignobles de France	3	J. Guyot.
14	La Vigne dans le Bordelais	1	Petit Lafitte.
15	Les Congrès des Vignerons français . . .	1	Guillory.
16	La Vigne.	1	de Lambertye.
17	Plan statistique des Vignobles de Bourgogne (Atlas).	1	de Lambertye.
18	Coteau de l'Ermitage	1	Rey.
19	Rapport sur le Congrès des vignerons de Lyon	1	Guillory.
20	Nouveau Mode de cultiver la vigne . . .	1	Gentil Jacob.
21	Instructions sur le soupape	1	Le Canu.
22	Culture du Vignoble	1	du Breuil.
23	Culture du Chasselas à Thomerie. . . .	1	Roze Charmeux.
24	La Vigne	1	Carrière.
25	Guide du Vigneron.	1	Fleury Lacoste.
26	Culture de la Vigne et vinification . . .	1	Guyot.
27	Vignes rouges et les Vins rouges (Maine et Loire).	1	Guillory.
28	L'Art de faire le vin. Nouvelle édition . .	1	Ladrey.
29	Traité sur les Vins.	1	H. Machard.
30	Le Vin	1	de Vergnette Lamotte.
31	Etudes sur les Vins	1	Pasteur.
32	Etudes sur le Vinaigre.	1	Pasteur.
33	La Contenance des vases vinaires . . .	1	Meyrieux.
34	Question du Vinage	1	Marès.
35	Sur l'Oïdium et le Phylloxera	1	Folliet et Girardet
36	Revue synoptique des principaux vignobles de l'Univers	1	Winckler.
37	Rapport sur l'Incision annulaire de la vigne	1	Ministère.

N°ˢ d'ordre	TRAITÉ DES OUVRAGES	Nombre de volumes	Noms des auteurs
61	Solution de la question du Phylloxera par les vignes américaines	1	H. BOUSCHER.
62	Descriptions et Synonymes de mille variétés de vignes	1	V. PULLIAT.
63	Le Phylloxera. Ses ravages, son mode de propagation	1	M. CHARMET.
64	Commission du Phylloxera	1	Institut.
65	Commission supérieure du Phylloxera . .	1	Ministère.
66	Les Vignes américaines et le Phylloxera .	1	PLANCHON.
67	Le Phylloxera de la vigne.	1	LADREY.
68	Etat de la question du Phylloxera . . .	1	ROHART.
69	Traité pratique sur les Vins	1	MACHARD.
69 bis	La Vigne et le Vin.	1	CHAVERONDIER.
70	Les Vignobles et les Arbres à fruits à cidre.	1	DU BREUIL.
71	Les Vignes américaines devant le Congrès interdépartemental	1	H. BOUSCHER.
72	Destruction pratique du Phylloxera . . .	1	F. ROHART.
73	Sur une expérience devant être exécutée en vue de la destruction du Phylloxera . .	1	Em. BLANCHARD.
74	Méthode (insectifuge) du Phylloxera. . .	1	Dr GRIMAL.
75	Rapport du Comité régional institué à Marseille par la Cⁱᵉ des chem. de fer de la Méditerranée pour combattre le Phylloxera .	1	traduit p. L. BAZILLE.
76	Les Vignes américaines. Catalogue . . .	1	revu p. J.E. PLANCHON.
77	Défense de la Vigne contre le Phylloxera. Mémoire	1	J. RAUSSELIER.
78	Sur une Expérience devant être exécutée en vue de la destruction du Phylloxera . .	1	Em. BLANCHARD.
79	Destruction du Phylloxera. Les opérations nécessaires	1	SABATÉ.
80	Traitement des Vignes phylox. à Aimargues	1	ROUSSELIER.
81	Le Phylloxera et les Plantes vénéneuses .	1	A. MARCY.
82	Moyen de cultiver la Vigne et de la faire vivre malgré le Phylloxera.	1	A. ROUSSET.

N°ˢ d'ordre	TRAITÉ DES OUVRAGES	Nombre de volumes	Noms des auteurs
83	De l'Influence qu'exercent sur la Vigne les engrais potassiques	1	AUDOYNAUD.
84	Des diverses Communications envoyées à la Commission départ. de l'Hérault instituée pour combattre la maladie de la vigne .	1	
85	Résultats pratiques de divers procédés proposés par le Gouvernement pour la conservation des vignes phylloxérées et leur reconstitution	1	La Commis. départ. de l'Hérault.
86	Les Ravageurs des vergers et vignes. . .	1	LA BLANCHERE.
87	Le Phylloxera. Rapports et documents . .	2	Comités d'études et vigil.
88	Le Phylloxera au Concours international de Montpellier	1	F. GARO...
89	Le Traitement des Vendanges limonées . .	1	F. GARO...

A 11e SECTION
Sylviculture.

Nos d'ordre	TRAITÉ DES OUVRAGES	Nombre de volumes	Noms des auteurs
1	Traité pratique des Arbres résineux conifères	1	DE CHAMBRAY.
2	Reboisement des Montagnes, 1863-1864. .	2	Ministère.
4	Culture du Pin maritime	1	SAMANOS.
5	Arbres forestiers (taille et conduite). . .	1	DE COURVAL.
6	Traité général des conifères	2	DE CARRIÈRE.
8	Chênes liéges (Conseils pratiques) . . .	1	VIDAL.
9	Conifères en pleine terre	1	P. DE M.
10	Situation forestière du Var. Observations .	1	P. DE M.
11	Du Reboisement ou Manuel du Planteur. .	1	DE BAZELAIRE.
12	Elagage des Arbres	1	Le Cte A. DESCARS.
13	L'Art de planter	1	DE MANTEUFEL.
14	Œuvre agronomiqu et forestière	1	par le Duc DE VARENNES de Séville.
15	Maison forestière. Racontée aux enfants. .	1	Mélanie BUROTTE.
16	Des Sols pauvres (Mise en valeur) . . .	1	FILLON.
17	Etudes sur l'Aménagement des forêts . .	1	TASSY.
18	Dictionnaire général des Forêts (1re partie).	1	ROUSSET.
19	Les Conifères	2	KIRWAN.
21	L'Eucalyptus Globulus, son importance. .	1	Dr GIMBERT.
22	Eucalyptus. Culture, exploitation et produit. Son rôle en Algérie	1	E. LAMBERT.
23	Aménagements des Forêts.	1	PUTOW.
24	Culture des Arbres et Arbrisseaux d'ornement	1	DU BREUIL.
25	Arbres d'ornement.	1	DUPUIS.
26	Les Conifères en pleine terre	1	DUPUIS.
27	Les Forêts et les Pâturages du Comté de Nice	1	GUIDI.
28	Guide du Forestier.	2	BOUQUET DE LA GRYE.
30	Les Métamorphoses de Feruc l'Estrange .	1	BOUROTTE.
31	Les Bois indigènes et étrangers	1	DUPONT et BOUQUET DE LA GRYE.
32	Enquête sur les diverses Maladies des arbres résineux.	1	Société des Agr. de France
33	L'Aménagement des Forêts	1	Alfred PUTON.

A 12ᵉ SECTION

Traités généraux de Drainage et d'Irrigation.

Nᵒˢ d'ordre	TRAITÉ DES OUVRAGES	Nombre de volumes	Noms des auteurs
1	Cours d'Agriculture et Hydraulique agricole	4	NADAULT DE BUFFON.
5	Canaux d'Irrigation de l'Italie septentrionale	2	NADAULT DE BUFFON.
7	Emploi des Eaux d'Egoût	1	DE FREYCINET.
8	Du Drainage à triple drain triangulaire . .	1	RAPIN.
9	Instructions pour le Drainage.	1	Ministère.
10	De l'arrosage pratique (canal d'irrigation de l'Estelle (Haute-Garonne)	1	H. TRANIÉ.
11	Des Alluvions modernes. — Sur les travaux de colmatage et de limonage	1	NADAULT DE BUFFON.
12	Pratique des Irrigations	1	VIDALIN.
13	Etudes sur les Torrents avec deux cartes .	1	SURREL et CÉZANNE.
15	Loi relative au Drainage	1	Ministère.
16	Abrégé du Manuel de Drainage	1	VITAROL.

Nos d'ordre	TRAITÉ DES OUVRAGES	Nombre de volumes	Noms des auteurs
17	Les Eaux du Var et de la Vésubie (question de vie et de mort pour la ville de Nice .	1	Prosper GIRARD.
18	Canal d'Irrigation de Nice.	1	Procès verbal du Conseil municipal de Nice.
19	Discours sur les Irrigations du département de Vaucluse	1	J. A. BARRAL.
20	Canal de la Siagne et du Loup. Mémoire .	1	Paul SENÉQUIER.

A 13e SECTION

Amendement et Engrais.

Nos d'ordre	TRAITÉ DES OUVRAGES	Nombre de volumes	Noms des auteurs
1.	Etudes chimiques sur les Phosphates de chaux	1	BOBIERRE.
2	Enquéte sur les Engrais	1	DUMAR.
3	Amendements et Engrais	1	BARON.
4	Dès Fumiers et autres Engrais animaux. .	1	GIRARDIN.
5	Engrais commerciaux (achat et emploi) . .	1	BOBIERRE.

N^{os} d'ordre	TRAITÉ DES OUVRAGES	Nombre de volumes	Noms des auteurs
6	Résultats obtenus au moyen des Engrais chimiques (1868)	1	G. VILLE.
7	Guide pratique sur la Vidange agricole . .	1	TOUCHET.
8	Les Engrais perdus dans les campagnes . .	1	DELAGARDE.
9	Etudes sur les Engrais de mer	1	PIERRE.
10	Amélioration des Fosses à fumier . . .	1	VANDERCOLME.
11	L'Engrais Vidange	1	Maxime PAULET.
12	Traité spécial des Phosphates de chaux natifs	1	M. J. MALINOWSKI.
13	Amélioration du Fumier de ferme . . .	1	LEVY.
14	Sol et Engrais	1	LEFOUR.
15	La Doctrine des Engrais naturels. . . .	1	SCHNEIDER.
16	La Pulvérisation des Engrais.	1	MENIER.
17	Communication sur le Guano	1	CHEVREUL.
18	L'Engrais chimique à l'Horticulture florale.	1	Dr JEUMEL.
19	Les matières fertilisantes, engrais, minéraux, etc.	1	HEUZÉ.
20	Les Engrais minéraux potassiques . . .	1	G. STAMANN.
21	Pratique des Engrais chimiques	1	Lt MUSSA.
22	Le Fumier de ferme	1	ROUSSET.
23	La Réforme des Vidanges à Nice. . . .	1	ROUSSET.
24	Quelques Explications à l'appui d'une demande d'une fabrique d'engrais et entrepôt d'engrais à Nice	1	ROUSSET.

A 14e SECTION

Variétés Agricoles.

N°s d'ordre	TRAITÉ DES OUVRAGES	Nombre de volumes	Noms des auteurs
1	L'Agriculture au coin du feu	1	BORIE.
2	Veillées agricoles	1	MAGNY.
3	Petit Pierre ou le Bon Cultivateur . . .	1	CALEMARD DE LA FAYETTE.
4	L'Ecole et la Ferme	1	Michel GREF.
5	Veillées de la Ferme	1	FORTOUL.
6	Le Livre du Village	1	VERET.
7	Au Village. Scènes de la vie rurale . . .	1	ARNOUL.
8	Calendrier du Bon Cultivateur	1	Mathieu DE DOMBASLE.
9	La Dombes ou l'Eau et l'Herbe	1	NIVIÈRE.
10	L'Année agricole, 1861, 1862 et 1863 . .	3	HEUZÉ.
13	L'Année rustique	1	Ve BOÉRIE.
14	Chroniques agricoles	2	F. CAZALIS.
16	Almanach de l'Agricul. praticien pour 1868	1	F. CAZALIS.
17	Almanach Gressent, 1867-1869	2	F. GRESSENT.
19	Le Mouvement agricole, 1865.	1	BORIE.
20	Almanach de l'Agriculture 1867-1870-1873-1874-1875.	5	BARRAL.
25	Discours sur l'Enseignement supérieur . .	1	DURUY.
26	Considération sur l'Enseignement agricole .	1	CHEVREUL.
27	Enseignement agricole.	2	GOSSIN.
29	Rôle des Femmes	1	P. E. C.
30	Droit civil et Droit rural	1	ISABEAU.
31	Lecture sur la Loi	1	PUTOIS.
32	Notions d'Economie domestique agricole .	1	GREFF.
33	Agriculture romaine	1	PIERRE.
34	Mon petit Livre ou un peu de tout . . .	1	DENY.
35	La Fortune par la Culture progressive . .	1	DE TRIMOND.
36	Des Paysans et de l'Agriculture en France .	1	Me ROMIEU.
37	Ne fuyons pas les Campagnes	1	Abbé TOURNISSOUX.

Nᵒˢ d'ordre	TRAITÉ DES OUVRAGES	Nombre de volumes	Noms des auteurs
38	Economie domestique	1	Mᵐᵉ C. Miller Robinet
39	Petit Jean	1	Charles Jeannel.
40	L'Agriculture et les Elections de 1863 . .	1	Le Couteux.
41	Du Professerat agricole dans les établissements d'instruction secondaire et d'instruction primaire	1	Th. Soulice.
42	L'Enseignement primaire en présence de l'enquête agricole	1	A. Pinet.
43	Résumé des Conférences agricoles 1871 à 1872-73-75	1	Lᵗ Gossin.
46	L'Agriculture et l'Exposition universelle à Vienne	1	Tisserand.
47	Rapport sur les Associations pastorales des Pyrénées	1	Ch. du Peyrat.
48	Almanach de l'Agriculture, 1876. . . .	1	A. Barral.
49	Conseils moraux et agricoles au Cultivateur breton.	1	S. L. Balliver.
50	Mᵐᵉ Adeline. Récit d'une Institutrice à ses élèves sur l'intelligence des animaux . .	1	Mˡˡᵉ Lilla Pichard.
51	Almanach de l'Agriculture, 1877. . . .	1	Barral.
52	Destruction de la Cuscute	1	Journal d'Agr. de Rouen.
53	Mes Expériences agricoles.	1	J. Maubert.

ZOOTECHNIE

B 1re SECTION
De la Zootechnie en général.

Nos d'ordre	TRAITÉ DES OUVRAGES	Nombre de volumes	Noms des auteurs
1	Etude sur les oiseaux voyageurs et migrateurs	1	MILLET.
2	Economie du Bétail	4	SANSON.
6	Alimentation du Bétail.	1	Isidore PIERRE.
7	Des Habitations des Animaux.	1	GAYOT.
8	L'Etable.	1	DE LA TREHONNAIS.
9	Hygiène des Animaux domestiques . . .	1	PAPIN.
10	Influence de la Ventilation sur les animaux.	1	RENAULT.
11	Alimentation, Respiration des Animaux. .	1	ALLIBERT.
12	Vaches laitières, Bœufs et Animaux d'attelage.	1	COLLOT.
13		1	
14	Porcs, Lapins et Oiseaux de basse-cour .	1	Elisa DE VAUBIGNON.
15	Etude sur les Animaux domestiques . . .	1	DE CHARNACÉ.
16	Animaux d'Appartement	1	PREVOST.
17	Jean le Dénicheur	1	HUMBERT.
18			
19	Pests of the Farm	1	RICHARDSON.
20			
21	Utilité des Oiseaux	2	VIEL.
23	Nécessité de protéger les Animaux utiles .	1	GLOGER.
24	Le Berger	1	MENAUT.
25	Domestication des Animaux utiles . . .	1	Geoffroy ST-HILAIRE
26	L'Intelligence des Bêtes	1	V. RENDU.
27	Aimons les Animaux	1	MARION.
28	M. Lesage. Entretien d'un Instituteur avec ses élèves.	1	BOURGUIN.

N^{os} d'ordre	TRAITÉ DES OUVRAGES	Nombre de volumes	Noms des auteurs
29	La Vie des Animaux	2	A. E. BREHEU.
31			
32	Manuel de l'Eleveur des bêtes à cornes . . .	1	P. VILLEROY.
33	Animaux domestiques. Zootechnie générale.	1	LEFOUR.
34	Le Jardin des Plantes	1	BOITARD.
35	Les mauvais Traitements envers les animaux domestiques	1	N. A. GUILLON.
36	Catalogue des Animaux observés dans le departement des Alpes-Maritimes . . .	1	S. B. VERANY.
37	Les Oiseaux dans les harmonies de la nature	1	LES COUPES.
38	Oiseaux de passage et Tendues	1	F. LESCUYER.
39	Productions animales et végétales . . .	1	Société d'Acclimat.

Société protectrice des animaux   25 Volumes

B 2ᵉ SECTION
Des Races Chevalines.

Nᵒˢ d'ordre	TRAITÉ DES OUVRAGES	Nombre de volumes	Noms des auteurs
1	Les Chevaux du Sahara	1	DAUMAS.
2			
3	Traité d'Hippologie.	1	VIAL.
4	Elevage du Cheval.	1	Major BASSERIE.
5	Ferrure du Cheval.	1	William MILES.
6	Conformation du Cheval	1	RICHARD.
7	Cheval, Ane et Mulet	1	LEFOUR.
8	Economie de l'Ecurie	1	STEWART.
9	Les Races chevalines	1	DE CHARNACÉ.
10	Cheval et Mulet.	1	LE MICHEL.
11	Tondeuses mécaniques.	1	DE NABAT.
12	Cours d'Equitation militaire (un Atlas).	2	DE NABAT.
13	Etude du Cheval, de service et de guerre	1	Richard DU CAUTREL.
15	Achat du Cheval	1	Eug. GUYOT.
16			
17	Cheval percheron	1	Ch. DU HAYS.
18	Des Origines du Cheval domestique	1	C. A. PRETREMENT.
19	L'Arte del Cavallo (1666)	1	C. A. PRETREMENT.

B 3ᵉ SECTION
Des Races Ovines, Bovines, Porcines.

Nᵒˢ d'ordre	TRAITÉ DES OUVRAGES	Nombre de volumes	Noms des auteurs
1	Races mérinos	1	YVART.
2	Races bovines, courtes cornes	1	LEFEBVRE Ste-MARIE
3	Le Bétail en Ecosse	1	DE FONTENAY.
4	Races bovines garonnaises	1	GOUN.
5	Le Porc	1	HEUZÉ.
6	Le Mouton	1	LEFOUR.
7	Vacherie du Pin	1	LECOUTEUX.
8	L'Espèce bovine en 1857 (1ᵉʳ T.). . . .	1	LEFOUR.
9	Les Races bovines	1	DE CHARMACÉ.
10	Rapport sur les Races bovines en Bretagne	1	DE CHARMACÉ.
11	Choix de la Vache laitière.	1	DUBOS.
12	De la Chèvre	1	BÉNIOU.
13	Traité de l'Alimentation des bêtes bovines .	1	Dʳ Julius KÜHN.
14	Traité complet de l'Elevage et de la Maladie du mouton	1	BÉNIOU.
15	Les Moutons. Hist. naturelle et zootechnie.	1	SANSON.
16	Manuel de la Porcherie	1	L. LÉVAZON.
17	Engraissement du Bœuf	1	VIAL.
18	Choix de Vaches laitières	1	MAGNE.
19	Races bovines	1	Mⁱˢ DE DAMPIERRE.
20	La Chèvre	1	HART DUPLESSI.

B 4e SECTION.

Animaux de Basse-Cour.

N^{os} d'ordre	TRAITÉ DES OUVRAGES	Nombre de volumes	Noms des auteurs
1	De l'Education du Lapin domestique. . .	1	Espanet.
2	Traité des Oiseaux de basse-cour . . .	1	A. Gobin.
3	Précis pratiques de l'Elevage des lapins, lièvres, léporides.	1	A. Gobin.
4	Basse-Cour, Pigeons et Lapins	1	Mme Millet–Robinet.
5	Pigeons, Dindons, Oies, Canards. . . .	1	G. Pelletan.
6	Lièvres, Lapins et Léporides.	1	E. Guyot.
7	Manuel de la Fille de basse-cour. . . .	1	Malzieux.
8	Poules et Œufs.	1	E. Guyot.

B 5e SECTION

De la Sériciculture.

Nos d'ordre	TRAITÉ DES OUVRAGES	Nombre des volumes	Noms des auteurs
1	Etudes sur les Maladies des vers-à-soie . .	1	QUATREFAGES.
2	Rapport de M. Pasteur relativement à la maladie des vers-à-soie.	1	PASTEUR.
3	Le Ver-à-soie de l'Aylanthe	1	GUÉRIN MENNEVILLE.
4	Des Magnaneries	1	CHARREL.
5	Manuel de l'Educateur.	1	TAURIGNA.
6	Les Vers-à-soie en 1867	1	GAGNAT.
7	Résultats sur les Grainages en 1869 . . .	1	SIRAUD.
8	Méthode d'Education	1	SIRAUD.
9	De la Muscardine	1	CICCONE.
10	Conseils aux nouveaux Educateurs des vers-à-soie	1	DE BOULLENOIS.
11	Vers-à-soie du Chêne	1	PERSONNAT.
12	Maladies des Vers-à-soie	1	DE MASQUARD.
13	Guide des Educateurs	1	MAUZAN.
14	Education des Vers-à-soie au Japon . . .	1	DE ROSNY.
15	Le Ver-à-soie du Chêne	1	PERSONNAT.
16	Sur le Ver du Chêne	1	JACQUEMARD.
17	Maladies des Vers-à-soie	1	JEAN-JEAN.
18	Manuel des Educateurs	1	PONSER.
19	Sur les Maladies des Vers-à-soie. . . .	1	QUATREFARGES.
20	Rapport sur la Sériciculture, 1869 . . .	1	Ministère.
21	Revue de Sériciculture 1867-68-69 . . .	3	Ministère.
22	Rapport sur l'Education séricicole en Corse	1	Ministère.
23	Maladie des Vers-à-soie	2	PASTEUR.
25	Rapport au Ministre. Congrès séricicole .	1	MAILLOT.
26			
27	Note sur la Pébrine et la Flacherie . . .	1	PASTEUR RAULIN.
28	Education par Pontes isolées. Pasteur . .	1	GUIDO-SUSANI.
29	Congrès bucologique. Roveredo, 1873 . .	1	GUIDO-SUSANI.

N°ˢ d'ordre	TRAITÉ DES OUVRAGES	Nombre de volumes	Noms des auteurs
30	Sur les Résultats des Educations pratiques des vers-à-soie	1	PASTEUR.
31	De la Graine des vers-à-soie (confection, industrielle)	1	GUIDO-SUSANI.
32	Rapports publiés par le Ministère de l'Agriculture. Conseils aux magnaniers . . .	1	M. DE LACHADENÈDE.
33	Rapports publiés par le Ministère de l'Agr. Congrès séricicole international . . .	1	E. MAILLOT.
34	Rapports publiés par le Ministère de l'Agr. Des graines cellulaires des vers-à-soie .	1	E. MAILLOT.
35	Statistique de la Production de la soie en France et à l'étranger	1B	Syndicat de l'union des marchands de soie.
36	Les Congrès séricic. internat. (Montpellier)	1B	Syndicat de l'union des marchands de soie.
37	Muriers et vers à-soie	1	GOBIN.
38	Carret. Sa méthode d'élever des vers-à-soie, son calorifère.	1	GOBIN.
39	De la Production des graines des vers-à-soie	1	MALLOT.
40	Méthode d'Education des vers-à-soie . .	1	MALLOT.
41	Enquête de 1863	1	MALLOT.
42	Les Vers-à-soie et la Sériciculture . . .	1	QUATREFAGES.
43	L'Art d'élever les vers-à-soie.	1	E. MAILLOT.
44	Mémoires et Documents sur la sériciculture (1re série).	1	E. MAILLOT.
45	Revue de Sériciculture comparée	1	E. MAILLOT.
47	Du Microscope appliqué à la Sériciculture .	1	PELLETAN.
48	De l'Eclosion des Graines des vers-à-soie .	1	E. MAILLOT.
49	Méthodes de Selection pour la confection des graines des vers-à-soie.	1	E. MAILLOT.
50	Le Système Pasteur et ses résultats (1876) .	1	E. MAILLOT.
51	Congrès Séricicole internat. de Milan (1876)	1	E. MAILLOT.
52	La Graine de Mûriers. Gouverner et nourrir les vers-à-soie	1	Barthél. LAFFEMAS.

N°° d'ordre	TRAITÉ DES OUVRAGES	Nombre de volumes	Noms des auteurs
53	Principes de l'Education des vers-à-soie .	1	A. R.
54	Essai historique sus l'Industrie de la soie en France au temps de Henri IV	1	Aug. Poirson.

B 6ᵉ SECTION

De l'Apiculture.

N°° d'ordre	TRAITÉ DES OUVRAGES	Nombre de volumes	Noms des auteurs
1	Rapport sur l'Insectologie générale . . .	1	Société Centrale d'Agric.
2	La Perfection dans l'Art de soigner les abeilles	1	Douot.
3	La Ruche. Méthode nouvelle essentiellement pratique	1	A. Vignole.
4	La Cave des Apiculteurs	1	R. P. Babau.
5	Le Guide du Propriétaire d'abeilles . . .	1	L'Abbé Cottin.
6	Le journal L'Apiculteur	20	Hamet.

B 7ᵉ SECTION
De la Pisciculture.

Nᵒˢ d'ordre	TRAITÉ DES OUVRAGES	Nombre de volumes	Noms des auteurs
1	Littoral méditerran. au point de vie piscicole	1	VIDAL.
2	Considération sur la Pisciculture. . . .	1	VIDAL.
3	Voyage d'Exploration sur le littoral de la France et de l'Italie.	1	COSTE.
4	Enquête sur les Sels . . . . ;	3	Léon CORNUDET.
7	Deuxième Rapport au Ministre	1	Léon CORNUDET.

B 8ᵉ SECTION

Animaux et Insectes utiles et nuisibles.

Nᵒˢ d'ordre	TRAITÉ DES OUVRAGES	Nombre de volumes	Noms des auteurs
1	Cecidomyie du Froment	1	BAZIN.
2	L'Insectologie agricole.	1	BAZIN.
3	Société entomologique de France. . . .	1	BAZIN.
4	Scolytes et Cossus dans les ormes . . .	1	ROBERT.
5	Propriété du Pyrethre du Caucase . . .	1	WILLEMOT.
6	Insectes nuisibles aux Betteraves. . . .	1	DE NORGUET.
7	Mouches de l'Olivier. Le tephrite Kaïron .	2	CAUVIN.
9	Insectes nuisibles	2	YSABEAU.
11	Insectes utiles	1	YSABEAU.
12	Prodrome d'Hist. natur. du Var (manque 1)	2	J. M. JAUBERT.
13	Les Oiseaux utiles et les Oiseaux nuisibles .	1	DE LA BLANCHÈRE.
14	Les Ravageurs des forêts et des arbres d'alignement	1	H. DE LA BLANCHÈRE.
15	Essais sur l'Entomologie horticole . . .	1	BOIS DU VAL.
16	Amis et ennemis de l'horticulture	1	LA BLANCHE.
17	Les Destructeurs des arbres d'alignement .	1	Dʳ E. ROBERT.
18	Les Auxiliaires. Animaux utiles à l'agricul.	1	FABRE.
19	Les Vipères de France.	1	L. SOUBEIRAN.
20	Etudes sur les Insectes nuisibles et utiles .	1	E. FRANÇOIS (de Castillon Nord).
21	Encyclopédie-Roret. Entomologie . . .	1	BOYER DE FONSCOLOMBE.
22	Bulletin d'Insectologie agricole. Journal mensuel 1875, 1876, 1877	3	Société Centrale d'Agric. et d'Insectologie.
23	Entretien d'un Instituteur sur l'utilité des oiseaux	1	VIEL, avocat.

B 9e SECTION

Art Vétérinaire.

No* d'ordre	TRAITÉ DES OUVRAGES	Nombre de volumes	Noms des auteurs
1	Sur la Morve	1	RÉNAULT.
2	Médecine vétérinaire	1	SANSON.
3	Traité théorique et pratique de l'Action ré-dhibitoire.	1	DEJEAN.
4	Péripneumonie épizootique du gros Bétail	1	BOULEY.
5	Typhus contagieux du gros bétail.	1	RENAULT.
6	Péripneumonie contagieuse des Bêtes bovines	1	LAFONT.
7	Nouvelle Epizootie.	1	YVART et LAFOSSE.
8	Sur la Pourriture ou Cachexie aqueuse des bêtes à laine	1	DELAFONT.
9	Rapports sur les Typhus	2	Ministère.
11	Le Sang de rate des animaux.	1	PIERRE.
12	Maladies de l'Espèce bovine	1	CRUZEL.
13	Le Charbon.	1	BABAULT.
14	Etudes sur la Rage.	1	LECŒUR.
15	Rage chez les chiens	1	BLATIN.
16	Sur la Viande de cheval	1	BLATIN.

N°s d'ordre	TRAITÉ DES OUVRAGES	Nombre des volumes	Noms des auteurs
17	L'Alimentation par la viande de cheval . .	1	DECROIX.
18	Triaté de la Jurisprudence vétérinaire . .	1	REY.
19	Tableau analytique sur les Epizooties . .	1	
20	Service sanitaire vétérinaire	1	LEBLANC.
21	Traité de Physiologie comparée des animaux	2	COLIN.
23	De la Rage. Moyen d'en éviter les dangers .	1	BOULEY.
24	Traité de la Police sanitaire des animaux	1	REYNAL.
25	La Rage au point de vue physiologique . .	1	Colonel BELLEVILLE.
26	De la Clavée dans l'arrondissement d'Amiens — Du service des épizooties	1	M. CARON.
27	Dictionnaire vétérinaire	1	FELIZET.
28	Traité complet de la Rage chez le chien et le chat. Moyen de s'en préserver . . .	1	BOURREL.
29	De la Suppression de toute loi sur les vices rédhibitoires . . . . , .	1	ABADIE.
30	Devoirs et droits des Vétérinaires . . .	1	E. THIERRY.
31	Les Maladies épizootiques dans Vaucluse .	1	Société d'Agr. de Vaucluse.

SCIENCES ET ARTS

○ 1re SECTION
Des Sciences en général. *

Nos d'ordre	TRAITÉ DES OUVRAGES	Nombre de volumes	Noms des auteurs
1	La Pluie et le Beau Temps	1	LAURENCIN.
2	Considérations génér. sur l'espèce (végétaux)	1	CARRIÈRE.
3	Production des Variétés dans les végétaux .	1	CARRIÈRE.
4	Histoire des Coquilles	3	BOSC.
7	Histoire naturelle	3	A. RISSO.
10	Histoire naturelle de Coralliaires (avec atlas)	3	MILNE EDWARDS
13	Cours élémentaire d'Histoire naturelle, Minéralogie et Géologie	1	BENDANT.
13bis	Histoire des Zoophites.	1	DUJARDIN.
14	Tableau pour l'Enseignement des sciences naturelles.	1	DEYROLLE fils.
15	Appareils météorologiques enregistreurs .	1	POURIAU.
16	Théorie sur la Lumière	1	DURAN.
17	Du Télégraphe électrique	1	REYNAUD.
18	Traité de Télégraphie électrique.	1	MOIGNO.
19	Géométrie de l'Ecole primaire	1	HAILLICOURT.
20	Cours d'Algèbre, 1re partie	1	GUILEMIN.
21	Correspondance entre l'Algèbre et la Géométrie.	1	COURNOT.
22	Traité de Calcul différentiel	1	LAURENT.
23	Trigonométrie	1	BRIOT.
24	Arithmétique élémentaire.	1	GOSSIN.
25	Traité d'Optique moderne.	2	MOIGNO.
27	Arithmétique. Classe élémentaire. . . .	1	André D'HAILLICOURT.
28	Encyclopédie moderne	33	André D'HAILLICOURT.
62	Année scientifique (1863)	1	FIGUIER.

N.os d'ordre	TRAITÉ DES OUVRAGES	Nombre de volumes	Noms des auteurs
63	Annuaire scientifique (1868-1869-1870) . .	3	DEHÉRAIN.
66	Notions sur la physique	1	STE-BEUVE.
67	Révélation scientifique.	1	DURAN.
68	Nouveau Système de physique générale. .	1	DURAN.
69	Code des Créations universelles	1	DURAN.
70	Histoire de la Nature	1	LAURRIÈRE.
71	Premières Notions d'Histoire naturelle . .	1	F. HÉMENT.
72	La Nature. Revue des sciences, 1874-1875 .	4	Gast. TISSANDIER.
76	La Vapeur	1	A. GUILLEMIN.
77	Rapport sur la Situation de l'Enseignement des Alpes-Maritimes	1	M. ROUMESTAN.
78	Bulletin de la Société d'Histoire naturelle de Toulouse, Amiens de 1867 à 1877 . .	11	
79	La Nature. Revue scientifique, 1876. . .	2	G. TISSANDIER.
81	Fantaisies scientifiques	4	S. Henri BERTHOUD.
85	Les Galeries souterraines	1	Maxime HÉLÈNE.

☩ 2ᵉ SECTION.
Chimie.

Nᵒˢ d'ordre	TRAITÉ DES OUVRAGES	Nombre de volumes	Noms des auteurs
1	Traité de Chimie	3	BERZÉLIUS.
4	Chimie appliquée à l'Agriculture. . . .	3	MALAGUTI.
7	Chimie inorganique.	1	POURIAU.
8	Chimie organique	1	POURIAU.
9	Chimie usuelle	1	Dʳ STÖCKHARDT.
10	Analyse chimique appliquée à l'Agriculture	1	Isidore PIERRE.
11	Eléments de Chimie appliqués à l'Agriculture	1	MASURE.
12	Chimie agricole (1867-69-70).	3	LECHARTIER.
15	Notions de Physique et de Chimie . . .	1	Le Cᵗᵉ D'ESTAINTOT.
16	Notions de Chimie agricole	1	SÉGUIN.
17	Stations agronomiques et Laboratoire agric.	1	GRANDEAU.
18	Valeur nutritive des Fourrages	1	PIERRE.
19	Etudes sur la Culture des céréales des plantes fourragères	1	PIERRE.
20	Recherches sur les Produits alcooliques de la distillation des betteraves	1	Isidore PIERRE.
21	Valeur nutritive des Fourrages	1	Isidore PIERRE.
22	Etudes sur le Colza.	1	Isidore PIERRE.
23	Chimie générale (avec planches)	6	PELOUZE et FRÉMY.
29	Eléments de Chimie agricole	4	L'HÉRITIER et ROUSSEL.
30	Chimie minérale.	1	PELLEREAU.
31	Traité de la détermination des terres arrables dans le laboratoire.	1	M. P. DE GASPARIN.
32	Manuel de l'Analyse des terres	1	PIERRE.
33	Chimie des Végétaux	1	Dʳ SACC.
34	Chimie du Sel	1	Dʳ SACC.
35	Chimie des Animaux	1	Dʳ SACC.
36	L'Exploitation des Marolles	1	DUBREUIL CHAMBARDEL.

Nos d'ordre	TRAITÉ DES OUVRAGES	Nombre de volumes	Noms des auteurs
37	Recherches sur l'Ammoniaque	1	AUDOYNAUD.
38	Recherches exp. sur le développement du blé	1	J. PIERRE.
39	Cours de Chimie agricole	1	LECHARTIER.

☉ 3ᵉ SECTION
Botanique.

Nos d'ordre	TRAITÉ DES OUVRAGES	Nombre de volumes	Noms des auteurs
1	Traité de Botanique	1	LE MAUT et DECAISNE
2	Nouveau Dictionnaire de Botanique . . .	1	GERMAIN DE SAINT-PIERRE.
3	Les Champignons de France	1	CORDIER.
4	Leçons de Flore.	2	POIRET et TURPIN.
6	Genera Plantarum	1	LINNÈE.
7	Flore Française.	1	GILLET et MAGNE.
8	Flore des jeunes personnes	1	SÉGOUR.
9	Traité de Botanique	1	DE G.

N°s d'ordre	TRAITÉ DES OUVRAGES	Nombre de volumes	Noms des auteurs
10	Guide pour reconnaître les Champignons comestibles et vénéneux	1	KRŒNISHFRANCK.
11	Flore de Nice	1	RISSO.
12	La Botanique des écoles	1	PIZETTA.
13	Manuel général des plantes	4	JACQUES et HERINCQ.
17	Du Parasitisme sur le froment	1	LAGRÈZE FOSSAT.
18	De la Maladie noire des plantes	1	LEJOURDAN.
19	Flore fossile italienne	5	Ch. GAUDIN et le Marquis Carlo STROZZI.
24	Flore analytique du départ. des Alpes-Mar.	1	H. ARDOUINO.
25	Flore de Bruxelles	1	F. MULLER.
26	De la Mort de Socrate par la ciguë . . .	1	IMBERT GOURBEYRE.
27	Les Végétaux parasites	1	MOUILLEFERT.
28	Etudes théoriques d'Agronomie	3	PIERRE.
31	Plantes médicinales et usuelles	1	H. RODIN.
32	Leçons élémentaires de Botanique . . .	1	Emm. LE MAOUT.
33	Du Blé au point de vue botanique . . .	1	BIDARD.
34	Histoire de la Buche	1	J. H. FABRE.
35	Le Jardin d'Acclimatation de Paris . . .	1	C. A. PICHOT.

○ 4ᵉ SECTION

Minéralogie, Géologie et Archéologie.

Nᵒˢ d'ordre	TRAITÉ DES OUVRAGES	Nombre de volumes	Noms des auteurs
1	Sols de la Bresse	1	Pouriau.
2	Terrains agricoles de la Sologne	1	Masure.
3	Leçons de Géologie.	1	Meugy.
4	Cours de Géologie	1	Godefroi.
5	Essai sur la Distribution géographique des mollusques	1	Le Dʳ de Grateloup.
6	Géologie des Etats-Unis (en anglais). . .	1	Hayden.
7	Application de la Géologie à l'agriculture .	1	Burat.
8	Etudes des sols arables en Côte d'Or. . .	1	Richard Gascon.
9	Les Fossiles.	1	Gast. Tissandier.
10	Géos ou Histoire de la Terre, de sa création et son développement, Géologie philosop.	2	Dʳ R. F. Meray.
12	Bulletin de la Société d'Etudes scientifiques et archéologiques de la ville de Draguignan de 1857 à 1877.	11	
13	Cours d'Histoire naturelle , Minéralogie, Géologie	1	F. S. Bendant.
14	Congrès archéol. de France, 1861-62-63-64	1	Sociéte franç. d'Archéol.

☾ 5ᵉ SECTION

Astronomie et Météorologie.

Nᵒˢ d'ordre	TRAITÉ DES OUVRAGES	Nombre de volumes	Noms des auteurs
1	Recherches sur les Météores	1	COULVIER GRAVIER.
2	Météorologie forestière (68-69-72) . . .	3	MATHIEU.
5	Rapports météorologiques des Alpes-Marit.	1	LEYSENNE.
6	Astronomie populaire	2	ARAGO.
8	Eléments de Météorologie mise à la portée de tout le monde.	1	BOILLOT.
9	Astronomie vulgarisée à l'usage des Ecoles des campagnes	1	BOILLOT.
10	Climatologie de la Saulsaie	1	POURIAU.
11	Observations météorologiqnes	1	TEYSSEIRE.
12	Etudes météorologiques	1	TEYSSEIRE.
13	La Pluie et le Beau Temps.	1	P. LAURENCIN.
14	Le Soleil.	1	Am. GUILLEMIN.
15	Précis des Recherches sur les météores . .	1	COULVIER GRAVIER.
16	Météorologie et Physique agricoles . . .	1	MARIÉ DAVY.
17	Résumé des Observations météorol. en 1874	1	M. TEYSSEIRE.
18	Résumé des Observations météorol. en 1875	1	M. TEYSSEIRE.
19	Histoire des Astres	1	J. RAMBOSSON.

☾ 6ᵉ SECTION
Sciences Médicales.

Nᵒˢ d'ordre	TRAITÉ DES OUVRAGES	Nombre de volumes	Noms des auteurs
1	Le Bras artificiel du Travailleur. . . .	1	A. Gripouilleau.
2	Des Aveugles-nés	1	Dufau.
3	Le Choléra de Toulon	4	Dʳ Martinenq.
7	Vaccine	1	Dʳ Martinenq.
8	De l'Air marin	1	Dʳ Martinenq.
9	Guide homéopathique	1	Dʳ Noack.
10	Société de Médecine légale.		
11	Hygiène médicale du Visage et de la Peau .	1	Debay.
12	Des Fumeurs et des Mangeurs d'opium . .	1	Dʳ Armand.
13	La Médecine en France. Hommes et docteurs	1	A. Le Pileur.

INDUSTRIE, COMMERCE ET LÉGISLATION

D 1re SECTION
Géographie et Voies de Transport.

Nos d'ordre	TRAITÉ DES OUVRAGES	Nombre de volumes	Noms des auteurs
1	Le Monde	10	
11	Voyages en Indo-Chine (en anglais) . . .	2	MOUHOT.
13	Voyages à Siam.	1	MOUHOT.
14	L'Année géographique.	1	VIVIEN DE ST-MARTIN
15	La grande Kabylie.	1	DAUMAS.
16	Voyage de Giovanni Miani.	1	MONBUTTU.
17	Rapport sur le Service des routes départ.	1	Séraphin NAVELLO.
18	La Question des chemins de fer	1	NOUETTE DELORME.
19	Chemin de fer, Cuneo, Ventimiglia, Nice .	1	M. DE VAUTHELERET.
20	Lettres au Journal des Débats et au National	1	PHILLIPPART.
21	Le grand Désert	1	Gal DAUMAS.
22	Formulaire des Chemins ruraux	1	BOST.
23	Les Chemins de fer.	1	LAVOLLÉE.
24	France et Chine. Vie publique et privée des Chinois	2	M. O. GIRARD.
26	Une Année en Espagne.	2	DIDIER.
28	Histoire de l'Inde ancienne et moderne . .	2	COLLIR DE BAR.
30	La France agricole, industrielle et commer.	1	E. KLEINE.
31	Le Simplon. Chemins de fer de la ligne internationale d'Italie.	1	
32	De la Navigation à vapeur.	1	F. RACES.
33	Le Cable transatlantique	1	E. CEZANNE.
34	Percement de l'Istme de Suez. . 1 . .	1	F. DE LESSEPS.
35	Petite Géographie illustrée historique et anecdotique des A. M. et histoire naturelle	1	E. F. et BRUYAT.
36	La Colonisation de la Kabylie par l'immigration	1	Comice agricole d'Alger.
37	Dictionnaire de Géographie et d'Histoire .	1	BOUILLET.

Société de Géographie de Paris 34 Volumes

D 2e SECTION
Economie Domestique, Rurale et Politique.

Nos d'ordre	TRAITÉ DES OUVRAGES	Nombre de volumes	Noms des auteurs
1	L'Agriculture et la Liberté	1	Borie.
2	Elément du Droit. Les veillées de l'Instituteur	1	Amédée Sibire.
3	Droits de Stationnement	1	Bertin.
4	Du Cadastre.	1	Bonjean.
5	Délimitation des Héritages	1	Noizet.
6	Question des Octrois	1	Passy.
7	Crédit rural.	1	Baradat.
8	Dépopulation des Campagnes.	1	Valny.
9	Etablissement de la Classe des agriculteurs.	1	Vanny.
10	Traité du Crédit foncier	2	Josseau.
12	Système du Crédit foncier rural	2	Granié.
14	Crédit foncier de France. Lettre de l'Admin.	1	de St-Aignan.
15	Les Enfants des hospices et la mise en valeur des terres incultes	1	Doniol.

N°ˢ d'ordre	TRAITÉ DES OUVRAGES	Nombre de volumes	Noms des auteurs
16	L'Association du libre Echange	3	Ales. Léon.
19	La Régénération de l'Agriculture	1	C. de la Boulie.
20	L'Agriculture en France	1	Baron de Rivière.
21	Le Défrichement à la Vapeur	1	
22	Conditions du Crédit	1	Ch. Rivet.
23	Crédit agricole	1	L. Frémy.
24	Le Crédit agricole	1	Peau St-Martin.
25	L'Impôt sur le Capital	1	Ménier.
26	Le Canton fiscal	1	Aimé Boutarel.
27	Question du libre Echange	1	Barbe Père.
28	Exposition générale des produits de l'agric. et des différentes industries agric. à Alger	1	Ministère.
29	Cours populaire de Guelwiller	1	J. Bourcart.
30	Un Gouffre financier	1	
31	Rapport à l'Empereur, 1861	1	Ministère.
32	Nouveau Système pour rendre l'agriculture plus productive	1	Dumaine.
33	Du Commerce de Bordeaux	1	V. Bachelier.
34	Des Capitaines, Maîtres et Patrons de la marine	3	Eloi et Guerrand.
37	Cours d'Economie industrielle	1	Thévenin.
38	Eléments d'Economie politique	1	Garbouleau.
39	Les Institutions de l'Angleterre	1	de Franqueville.
40	Leçons d'Economie politique	2	F. Passy.
42	Francinet. Livre de lecture courante sur l'agriculture, etc.	1	Bruno.
43	La France et l'Etranger. Etudes de statistique comparée	2	Legoyt.
44	Revenu, Salaire et Capital, leur solidarité	1	Duc d'Ayen.
45	Adresse à S.M. le Roi (Hollande) sur l'étalon or	1	Soc. Néerlandaise pour le progrès de l'industrie.
46	L'Impôt sur le Capital devant la Chambre des Députés	1	Journal officiel.
47	Les Universités libres et l'Enseignement supériéur de l'agriculture	1	Lᵗ Gossin.

D 3ᵉ SECTION
Industrie Agricole.

Nᵒˢ d'ordre	TRAITÉ DES OUVRAGES	Nombre de volumes	Noms des auteurs
1	Du Commerce du Lait destiné à l'alimentation parisienne	1	A. F. POURIAU.
2	De l'Industrie laitière dans dix départements	1	A. F. POURIAU.
3			
4	Fabrication du Fromage (façon Hollande) .	1	A. F. POURIAU.
5	Du Lait	1	HEUZÉ.
6	Des Corps gras alimentaires	1	ROBINSON.
7	L'Industrie sucrière	1	MILNE EDWARDS.
8	Rapport sur l'Emploi du sel	1	MARIAGE.
9	Rouissage du Lin, etc..	1	TERWANGNE.
10	Rouissage du Lin	1	Ministère.
11	Sur le Commerce du lin	1	Jean DALLE.
12	Viandes et Poissons	1	PAYEN et Martin DE MOUSSY.
13	Rapport sur l'Industrie linière	2	MAROT.

N°ˢ d'ordre	TRAITÉ DES OUVRAGES	Nombre de volumes	Noms des auteurs
15	La Meunerie.	1	TOUAILLON.
16	Le Blé et le Pain	1	BARRAL.
17	Question des Subsistances	1	GLEIZES.
18	Législation des Céréales	1	GLEIZES.
19	Taxe du Pain	1	EMION.
20	Du Prix des grains.	1	BRIAUNE.
21	Législation des Céréales	1	
22	Conservation des Grains	1	DOYÈRE.
23	Les Réserves du blé	1	PAVY.
24	La Faïence	1	BASTENAIRE D'AUDE-NART.
25	Du Fabricant de papier	2	LENORMAND.
27	La Laiterie. Art de traiter le lait. . . .	1	A. F. POURIAU.
28	Traité pratique élémentaire de la meulerie à l'usage de la meunerie	1	J. BERTRAND.
29	Traité complet de la Distillation, vins, graines	1	PAYEN.
30	Traité complet de la Fabrication des bières.	2	LA CAMBRE.
31	Assureur des Récoltes	2	TURREL.
33	Sur les principales Industries.	1	P. POIRÉ.
34	Arts et Manufactures	1	M. MAIGNE.
35	Dictionnaire industriel.	2	M. E. LACROIX.

D 4e SECTION

Location des Propriétés.

Nos d'ordre	TRAITÉ DES OUVRAGES	Nombre de volumes	Noms des auteurs
1	Code des Propriétaires.	1	OLIVIER.
2	Guide des Propriétaires	2	DE GASPARIN.
4	Du Métayage comparé au fermage dans le midi	1	MITTRE.
5	Métayage, Contrat, Effets	1	Cte DE GASPARIN.
6	Calendrier du Métayer.	1	E. DAMOURETTE.
7	Fermage. Guide des propriétaires des biens affermés	1	Cte DE GASPARIN.

D 5ᵉ SECTION

Comptabilité Agricole.

Nᵒˢ d'ordre	TRAITÉ DES OUVRAGES	Nombre de volumes	Noms des auteurs
1	Comptabilité agricole	1	SAINTOIN LEROY.
2	Mémorial. Caisse	1	SAINTOIN LEROY.
3	Comptabilité agricole	2	DE PERRON.
5	Comptabilité agricole	1	SCHNEIDER.
6	Comptabilité agricole	1	YSABEAU.
7	Economie rurale et Comptabilité. . . .	1	SAINTOIN LEROY.
8	Barême de l'Agriculteur commençant . .	1	THÉVENET.
9	Petit Traité de Comptabilité agricole . .	1	Ed. DE GRANGES DE RANCY.
10	Comptabilité de la Ferme	1	P. C. DUBOST.
11	Comptabilité et Géométrie agricoles . . .	1	LEFOUR.

D 6ᵉ SECTION
Constructions et Machines agricoles.

Nᵒˢ d'ordre	TRAITÉ DES OUVRAGES	Nombre de volumes	Noms des auteurs
1	The Implements of Agriculture	1	
2	Manuel de la Charrue	1	CASANOVA.
3	Instruments agricoles	1	YSABEAU.
4	Machines agricoles.	1	SAUDRY.
5	Machines agricoles.	1	HERVÉ.
6	Formulaire de l'Ingénieur.	1	ARMANGAUD.
7	Les Machines	1	PASSY.
8	The Dwellings of the labouring classes . .	1	ROBERTS.
9	Traité des Constructions rurales. . . .	1	BOUCHARD.
10	Manuel des Constructions rurales . . .	1	BONA.
11	Les Bergeries. Construction naturelle ambulante	1	GRANDVOINNET.
12	Traité de Nivellement	1	
13	Encyclopédie Roret. Constructions agricol.	1	RORET.
14	Encyclopédie. Constructions (atlas) . . .	1	HEUZÉ.
15	Chutes pour Forces motrices, 300 chevaux .	1	
16	Culture générale et Instruments aratoires .	1	LEFOUR.
17	Notice sur la Machine pneumatique		F. GARCIN.

LITTÉRATURE ET BEAUX ARTS

—

Divers.

Nos d'ordre	TRAITÉ DES OUVRAGES	Nombre de volumes	Noms des auteurs
1	Croquis bourbonnais	1	MAGNY.
3	Commission de l'Enseignement technique .	1	Ministère de l'agric.
4	Etude de Morale	1	CALLET.
5	De la Propriété intellectuelle.	1	P. PASSY.
6	Le Marquis de Turpilly . . . . . : .	1	GUILLORY.
7	Rien. 18 ans de Gouvernement parlementaire	1	Cte DE MONTALIVET.
8	Les six Mariages d'Henry VIII	1	D'ARGIS.
9	Stella.	1	A. DEVIGNY.
10	Sur les Epitres d'Horace	1	ESTIENNE.
11	Rabelais.	2	
13	Don Quichotte	1	FILLEAU DE SAINT-MARTIN.
14	Etudes historiques et administratives . .	2	B. LARIBIÈRE.
16	De la Milice romaine	1	LAMARRE.
17	Histoire de la Marine française	1	GRAINCOURT.
18	Des Passions	2	BELONINA.
20	Victor Hugo.	2	par un témoin de sa vie.
22	Forum Julii	1	MEIFFRET.
23	Chronique de Mathieu d'Esconchy . . .	2	DUFRESNE DE BEAUCOURT.
25	Histoire de St-Amand	1	DE COURMACEUL.
26	Le nouveau Paris	1	Amédée DE CESENA.
27	L'art et les Artistes	1	CHESNEAU.
28	Cours de Philosophie	1	GISCABD DE LA ROQUE
29	Nouvelle Doctrine philosophique. . . .	3	ALLIOT.
32	Réminiscences	3	COULMANN.
35	L'Economie sociale au point de vue chrétien	2	CORBIÈRE.

Nos d'ordre	TRAITÉ DES OUVRAGES	Nombre de volumes	Noms des auteurs
37	Essai sur le Christianisme.	1	E. DIODATI.
38	La Famille d'Aubigné.	1	Théophile LAVALLÉE
39	L'Enseignement obligatoire	1	F. PASSY.
40	Les Ouvriers en Famille	1	AUDIGANNE.
41	Etudes sur Saint Athanase	1	Abbé BARRAL.
42	Gabriel Pignet	1	SIMONNET.
43	Guerre de la Plata en 1865.	1	
44	Dictionnaire français	2	LANDAIS.
45	Olivier de Serres	1	VIGNERTE.
46	M. de Gasparin.	1	BARRAL.
47	L'Université d'Angers (histoire de l'école espagnole)	1	A. PARROT.
48	Marius Porte	1	A. SICARD.
49	Delucas de Gramostout	1	COUTURIER DEVIENNE
50	La France et l'Europe au XVI siècle.	1	Honoré GIRAUD.
51	La Guerre et la Paix	1	PASSY.
52	Travail national	1	DUMAIL.
53	Des Bateaux de sauvetage.	1	DE POILLY.
54	Almanach de Gotha.	3A	
57	Lunario genovese	1	RÉGINA.
58	Dissertation sur le Messie.	1	JACQUELOT.
59	La Sainte Bible.	1	JACQUELOT.
60	La Mer	1	MICHELET.
61	L'Amour.	1	MICHELET.
62	Œuvres complètes d'Apulée	1	BITOLAUD.
63	Le Bois de Boulogne	1	GOURDON.
64	Cérémonies nuptiales	1	LAUNIER.
66	Histoire de la Réforme de Génève	1	CHARPENNE.
67	Le Mexique ancien et moderne	1	M. CHEVALIER.
68	Codes et Lois usuels	1	ROGER et SOREL.
69	Vocabulaire de l'Académie.	1	C. NODIER.
70	Les anciens Barbistes annuaires de 1873	1	
71	Monument à M. de Caumont	1	G. VILLERS.

N^{os} d'ordre	TRAITÉ DES OUVRAGES	Nombre de volumes	Noms des auteurs
72	Aventures burlesques	1	Dassoucy.
73	De l'Alsace et de la Lorraine	1	Association patriotique.
74	Sur la Division des pouvoirs	1	Bernard Pequin.
75	Les Bons Conseils (en allemand).	1	Bernard Pequin.
76	Comedie scelte (en langue italienne). . . .	1	Alberto Nota.
77	Son Mouchoir, poème galant	1	Henry Cantel.
78	Monsieur, Madame et Bébé	1	G. Droz.
79	Théâtre de Beaumarchais	1	Auger.
80	Monsieur de Camors	1	Oct. Feuillet.
81	Les Cythères parisiennes (bals de Paris). .	1	A. Delvau.
82	La Dame aux Perles	1	Alex. Dumas, fils.
83	La Tulipe noire.	1	Alex. Dumas, père.
84	La Comédie de l'Amour	1	Charles de la Rounat.
85	Discours sur le Style	1	Buffon.
86	La Prévoyance et la Charité	1	A. Bellier.
87	Le Guide des Fumeurs.	1	Lemercier de Neuville et V. Cochinat
98	Bibliothèque nationale.	8	
106	Histoire de France	2	Ecole mutuelle.
108	Les 360 tableaux du prorata des intérêts 5 p. %.	1	
109	Attila dans les Gaules	1	Un ancien élève de l'Ecole Politechnique.

E 2ᵉ SECTION

Comté et Ville de Nice.

Nᵒˢ d'ordre	TRAITÉ DES OUVRAGES	Nombre de volumes	Noms des auteurs
1	Bulletin de la Chambre d'Agriculture de Nice		»
3	Biographie Niçoise.	2	Toselli.
5	Récits historiques de Nice.	4	Toselli.
9	Histoire de la Ville de Nice	1	Armand Parrot.
10	La Cité de Nice.	2	Abbé Tisserand.
12	Rapports au Conseil général		
13	Statistique des Alpes-Maritimes	2	Roux.
15	Annuaires des Alpes-Maritimes		
16	Canal d'Irrigation	1	Durandy.
17	Canal de la Siagne	1	Barbe.
18	Canal de la Siagne et du Loup	1	Isnard.
19	Culture du Tabac en 1866.	1	
20	Histoire de Vence	1	Abbé Tisserand.
21	Les Promenades de Nice	1	Negrin.
22	Rapport au Conseil général	13	Negrin.

N°⁸ d'ordre	TRAITÉ DES OUVRAGES	Nombre de volumes	Noms des auteurs
23	Masséna	1	»
24	Bulletin de la Société d'Agriculture . . .		
25	Rapport sur la Situation de l'enseignement dans les Alpes-Maritimes, 1876 . . .	1	M. ROUMESTAN.
26	Question du Gaz. Réponse à M. le Maire .	1	Société anonyme du Gaz.

F   1ʳᵉ SECTION

Ouvrages divers illustrés.

N°⁸ d'ordre	TRAITÉ DES OUVRAGES	Nombre de volumes	Noms des auteurs
1	Les Promenades de Paris	2	ALPHAND.
2	Herbier forestier de la France	2	E. DE GAYFFIER.
3	Ampelographie	1	V. RENDU.
4	Animaux de la Ferme	1	BORIE.
5	Les Races bovines	2	E. BEAUDEMENT.
6	Le Jardin fruitier du Museum.	8	DÉCAISNE.
7	Le Verger	8	Par M. MAS.
8	Pomologie de la France	8	La Soc. pomol. de France.
9	Dictionnaire botanique illustré	1	M. H. BAILLON.
10	Les Algues de la Méditerranée	1	Par SALSE.

G 1ʳᵉ SECTION

Bulletins des Sociétés Savantes de France Correspondantes.

AISNE. — Société d'horticulture et de petite culture, à Soissons.

» Société régionale d'horticulture, à Chauny.

ALLIER. — Société d'émulation, à Moulins.

ALPES-MARITIMES. — Société des lettres, sciences, arts des Alpes-Mar.,Nice.

ARDÈCHE. — Société d'agriculture, à Privas.

ARDENNES. — Société d'agriculture, à Mezières.

» Comice agricole, à Mezières.

ALGÉRIE. — Société climatologique, sciences physiques et natur., à Alger.

» Société d'agriculture, à Alger.

» Comice agricole, à Alger.

BOUCHES-DU-RHÔNE. — Société départementale d'agriculture, à Marseille.

» Société d'horticulture de Marseille.

» Académie des sciences, agriculture et belles lettres, à Aix.

CALVADOS. — Société d'horticulture du Centre de la Normandie, à Lisieux.

CÔTE-D'OR. — Société d'horticulture et d'arboriculture, à Dijon.

» Société d'agriculture, à Dijon.

Doubs. — Société départementale d'horticulture et d'arboric·, à Besançon.
Drôme. — Société départementale d'agriculture, à Valence. .
Eure. — Société libre d'agriculture, sciences, arts, belles lettres, à Evreux.
   » Société d'agriculture, section de Bernay, à Bernay.
Eure-et-Loir. — Société d'agriculture et de viticulture, à Chartres.
Finistère. — Académie de Brest.
Garonne (Haute). — Société d'histoire naturelle, à Toulouse.
   » Société d'agriculture pratique et d'économie rurale pour le Midi
      de la France (Ariège et Haute-Garonne), à Toulouse.
Gironde. — Société d'horticulture, à Bordeaux.
Gers. — Société d'agriculture et d'horticulture, à Auch.
Hérault. — Société d'horticulture et d'histoire naturelle, à Montpellier.
   » Société Centrale d'agr. et des com. agricult. du dép., Montpellier.
Ile-et-Vilaine. — Société d'horticulture de l'arrondissement de Fougères.
   » Société d'agriculture et d'industrie, à Rennes.
Indre. — Société d'agriculture du département, à Châteauroux.
Isère. — Société zoologique d'accl. pour la région des Alpes, à Grenoble.
Indre-et-Loir. — Société d'agriculture des sciences, arts, belles lettres du
      département, à Tours.
Jura. — Société d'agriculture, sciences, arts du département, à Poligny.
Lot-et-Garonne. — Société d'agriculture, sciences arts, à Agen.
Loiret. — Société horticole, à Orléans.
   » Société archéologique et historique, à Orléans.
Loire. — Société d'agr., industr., arts, belles lettres du dép., à St-Etienne.
Loire-Inférieure. — Société Nantaise d'horticulture du départ., à Nantes.
Maine-et-Loire. — Société industrielle et agricole du départ., à Angers.
   » Société académique du département, à Angers.
Marne. — Société d'agriculture, à Epernay.
   » Comice agricole de Vitry-Le-François.
Nièvre. — Comice agricole, à Nevers.
   » Société départementale d'agriculture de la Nièvre, à Nevers.
Nord. — Société d'agriculture, à Lille.
   » Comice agricole, à Lille.
Oise. — Société d'agriculture de l'arrondissement de Compiègne.
Orne. — Société d'horticulture, à Alençon.
Oise. — Annales de l'institut agricole, à Beauvais.

PAS-DE-CALAIS. — Société Centrale d'agriculture du département.

PUY-DE-DÔME. — Société Centrale d'agriculture du département, à Riom.

» Société Centrale d'agriculture du départ., à Clermont-Ferrand.

RHÔNE. — Société des sciences industrielles, à Lyon.

» Société d'horticulture pratique du département, à Lyon.

BOUCHE-DU-RHÔNE. — Société de viticulture et d'horticulture de Tarare.

SAÔNE (Haute). — Société d'agriculture, sciences, arts du départ., à Vesoul.

SAÔNE-ET-LOIRE. — Société Autunoise d'horticulture, à Autun.

SARTHE. — Société d'horticulture, sciences, arts du département, au Mans.

» Société d'horticulture, au Mans.

SAVOIE. — Société Centrale d'agriculture du département, à Chambéry.

SEINE. — Société Centrale d'horticulture de France, à Paris.

» Société Centrale d'agriculture de France, à Paris.

» Société de Géographie, à Paris.

» Société d'acclimatation, à Paris.

» Société protectrice des animaux, à Paris.

» Société des agriculteurs de France, à Paris.

» Société des études historiques, ancien institut historique, à Paris.

SEINE-INFÉRIEURE. — Société Centrale d'agricul. du département. à Rouen.

SEINE-ET-MARNE. — Société d'expérimentation horticole rosiériste, Brie-Comte-Robert.

» Société d'horticulture de l'arrondissement de Coulommiers.

» Société d'horticulture de l'arrondissement de Meaux.

» Société d'agriculture de l'arrondissement, à Provins.

» Société d'agriculture de l'arrondissement, à Melun.

» Société d'agriculture de l'arrondissement, à Rozoy.

SEINE-ET-OISE. — Société d'horticulture et des arts du départ., à Versailles.

» Société d'agriculture, d'horticulture de l'arrondis. de Pontoise.

SÈVRES (Deux). — Société d'agriculture du dép. (Maître-Jacques), à Niort.

SOMME. — Société Linéenne du Nord de la France, à Amiens.

» Société d'horticulture, à Ham.

» Société des antiquaires de Picardie, à Amiens.

» Comice agricole, à Amiens.

VAR. — Société d'études scientifiques et archéologiques, à Draguignan.

» Société d'agric., du com. et de l'ind. du département, à Draguignan.

» Société d'horticulture et d'acclimatation du département, à Toulon.

VAUCLUSE. — Société d'agriculture et d'horticulture, à Avignon.
» Comice agricole de l'arrondissement d'Apt.
VIENNE. — Société d'agriculture, sciences, arts, belles-lettres, à Poitiers.
» Société d'agriculture, à Poitiers.
YONNE. — Société Centrale pour l'encouragement de l'agriculture, à Auxerre.

G 2ᵉ SECTION

Bulletins des Sociétés Savantes Etrangères Correspondantes.

AMÉRIQUE. — Département d'agriculture, à Washington.
ANGLETERRE. — Bureau des Indes, Musœum India, à Londres.
» Royale d'horticulture de Londres.
ITALIE. — Société d'horticulture de Florence.
» Société d'acclimatation et d'agriculture de Sicile, à Palerme.
» Association agricole de Turin.
» Comice agricole de Brescia.
» Comice agricole de Plaisance.
» Comice agricole de Coni.
» Comice agricole de Vicence.
» Accademia Olimpia de Vicence.

ITALIE. — Il Coltivatore di Cuneo.

» Il Coltivatore du Dr Ottavi de Casale.

BELGIQUE. — Société Royale Linéenne, à Bruxelles.

» Société Royale de Flore, à Bruxelles.

HOLLANDE. — Société Néerlandaise pour l'encouragement de l'industrie, à Harlem.

SUISSE. — Société d'horticulture de Genève.

Revues et Journaux.

Journal d'Agriculture, par Barral, à Paris, rue de l'Ecole de Médecine, 17.

Journal d'Agriculture pratique, par Lecouteux, à Paris, rue Jacob, 26.

Journal *L'Apiculteur*, par le Hamet, à Paris, rue Monge, 59.

Journal des Campagnes, par Viaune, à Paris, rue Dauphine, 18.

Journal *Le Colon Algérien*, par De Bray, à Alger.

Moniteur des Soies, à Lyon, rue de la Bourse, 14.

Revue Agricole et Forestière, à Aix, rue des Grands Carmes.

Journal des Jardins et des Champs, par M. Massé, horticulteur, à Laferté Macé (Orne).

La Revue des Sciences Naturelles, par Dubreuil, Montpellier, Carré du Roi, 2.

Les Annales Agronomiques, par Deherain, rue de Buffon, 6, Paris.

Le Vinicole, par F. Garcin, rue des Nobles, Narbonne (Aude).

Le Nord-Est Agricole et Horticole, rue Notre-Dame, Troyes (Aube).

www.ingramcontent.com/pod-product-compliance
Lightning Source LLC
Chambersburg PA
CBHW070912280326
41934CB00008B/1687